Emanuel Moór

Rhapsodie

Op. 93

pour

Grand Orchestre

Prix net: 15fr

ÉDITIONS LITTÉRAIRES ET MUSICALES

A. J. MATHOT

11, rue Bergère PARIS Téléphone 234=31

A mon ami Willem Mengelberg.

RHAPSODIE.

EMANUEL MOÓR. Op. 93.

Fag.
Cor.
Timb.
Harpe.
1
pp
p
tr
pp
mf
p
p
pp
div.
p dolce espressivo
cresc.
div.
p dolce espressivo
cresc.
tr
cresc.
pp
cresc.
cresc.
1
Fl.
♩ = 80
p
Cor. ang.
p espress.
Clar.
p dolce espress.
Cor.
I. II.
p
Harpe.
sonore
p
f
pp subito
cresc.
f
pp subito
cresc.
♩ = 80
f
pp subito
cresc.
f
pp subito
cresc.
espressivo
f
pp subito
cresc.
pp

p
cresc.
cresc.
cresc.
pp
pp
cresc.

6
2
gr. Fl.
Più animato. ♩ = 86
Più animato. ♩ = 86
2
Z.563 M.

gr. Fl.

8
Energico.
Z. 563 M.

poco string.
3
string.
ff
ff
ff
ff
ff
ff
ff
ff
ff
ff
ff
f
ff
poco string.
string.
ff
cresc.
tr
tr
tr
ff
cresc.
ff
cresc.
ff
cresc.
ff
sff
cresc.
3

Picc.

12
riten.
tr
tr
Animato.
ff
ff
ff
ff
tr
tr
tr
tr
ff
ff
ff
ff
ff
ff
ff
ff
riten.
tr
tr
Animato.
tr
tr
ff
tr
tr
ff
tr
tr
ff
ff
2. 563 M.

4
cedez
mf
mf
p
mf
mf
ff
mf
cedez
Z. 563 M.
4

poco accel.
poco stringendo
p
p dolce
p
p
p
p
mf
sf
poco accel.
pizz.
poco stringendo
pizz.
pizz.
pizz.
p
p
p
p
Z. 563 M.

Più animato.
Più animato.
arco
arco
arco
arco
div.
Z.563 M.

Z.563 M.

18
5
espress.
p
ff
p dolce
ff
pp
espressivo
div.
pizz.
ff
Z.563 M.
5

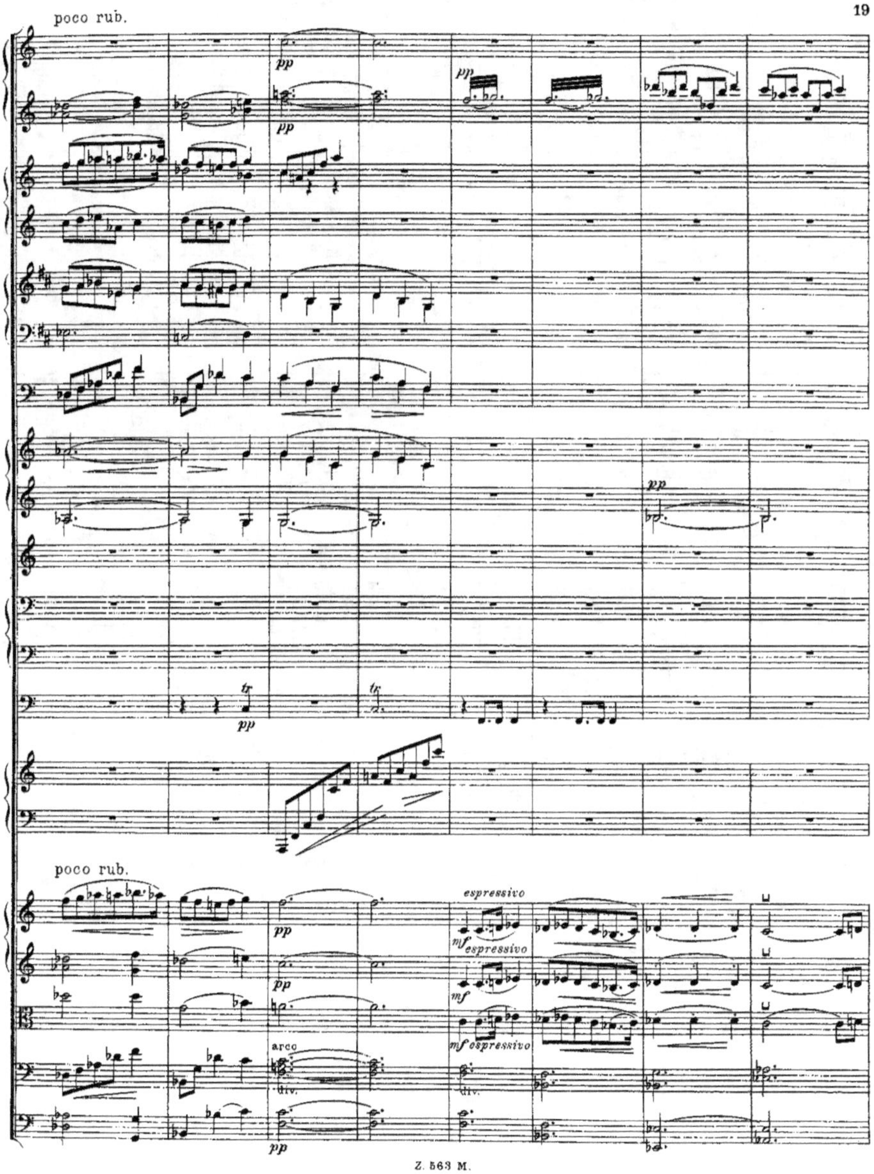
poco rub.
pp
pp
pp
pp
pp
tr
tr
poco rub.
espressivo
pp
mf
espressivo
pp
mf
arco
mf espressivo
div.
div.
pp

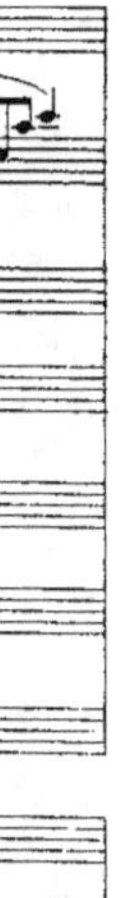

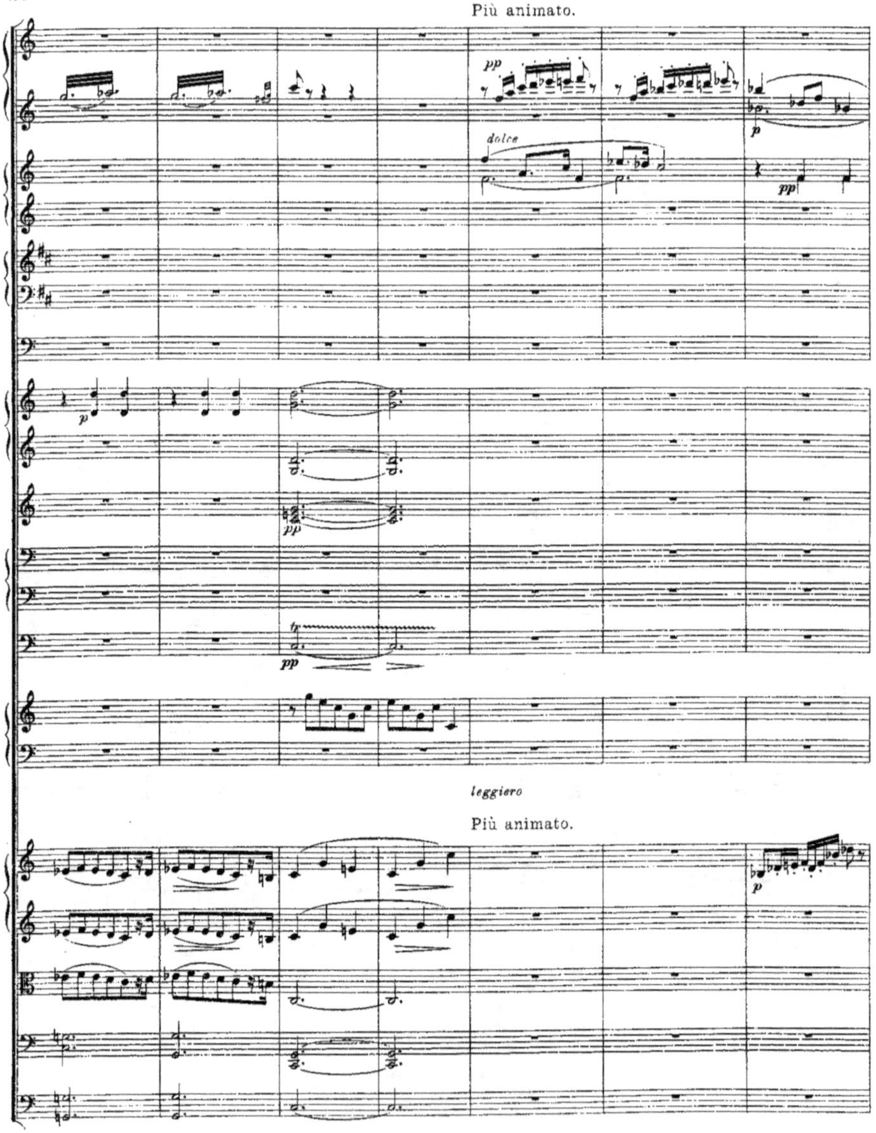

Più animato.

pizz.
arco
div.
pizz.
arco
pizz.
div.
pp div.
div.

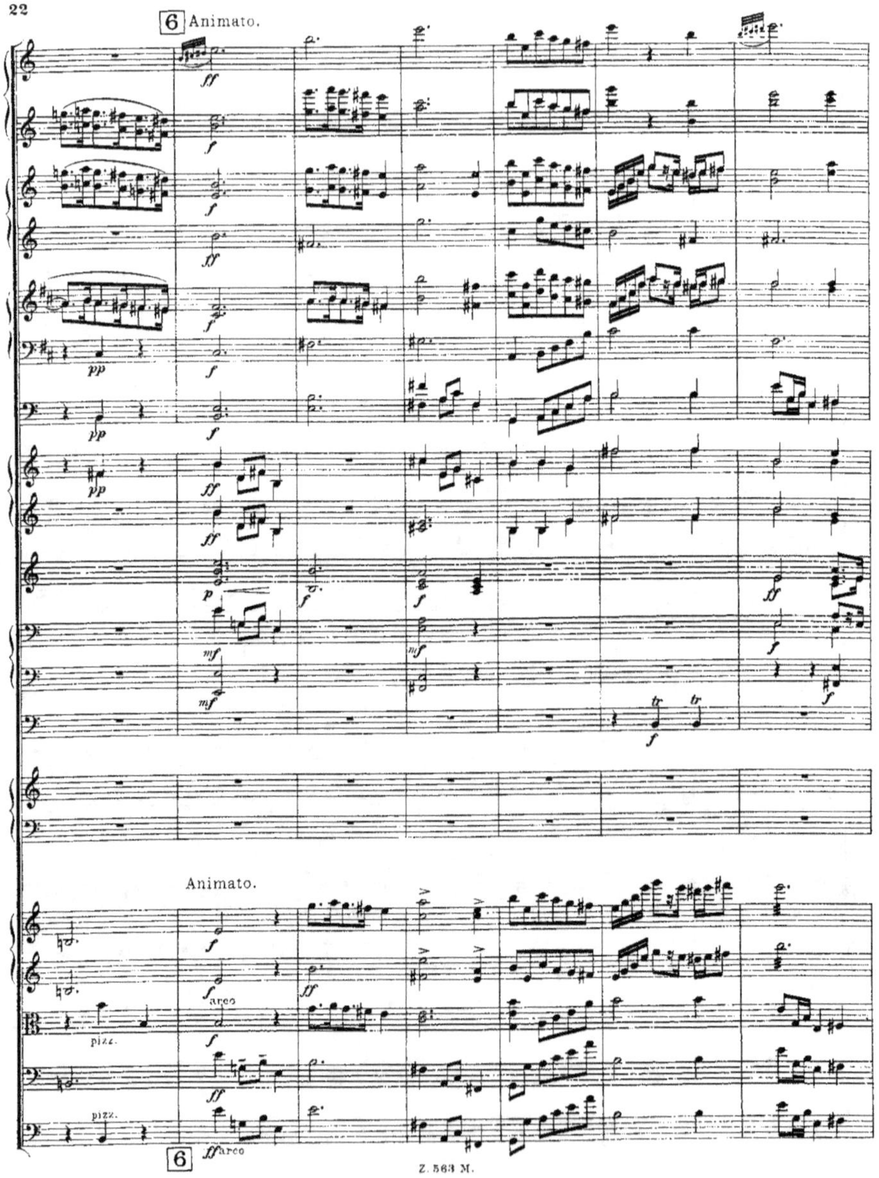

22
6 Animato.
Animato.
6
Z.563 M.

p dolce
dolce
p
mf
p
pp
pizz.
p
pizz.
p
p
p
Z.563 M.

arco
arco

7
espressivo
cresc.
cresc.
cresc.
cresc.
cresc.
mf
pp
pp
pp
pp
p
p
p
I.
I.
I.
I.
I.
7

express.
dolce
dolce
p
pp
pp
pp
tr
pp
pp
div.
pp
pizz.
pizz.
pp
pizz.
pp
pizz.
pp
pizz.
pp
arco
cresc.
arco
cresc.
pizz.
pizz.
I.

Z. 563 M.

8

stringendo
ff
ff
stringendo
Z. 563 M.

animato
animato
espressivo
espressivo
espressivo
Z. 563 M.

9
Allegro, resoluto.
ff
ff
ff
ff
ff
mf
mf
p
tr
tr
p
Allegro, resoluto.
ff
ff
ff
ff
ff
9

pizz.
arco
pizz.
pizz.
pizz.
arco
arco
arco

stringendo
stringendo

10
35
ff
Z. 563 M.
10

36
Z. 563 M.

mf
mf
mf
mf
mf
mf
mf
p
p
p
p
p
3
Z.563 M.

Animato.
Animato.
Z.563 M.

espressivo
rit.
Meno mosso.
pp
pp
pp
p
espressivo
rit.
Meno mosso.
tr
pp
tr
pp
tr
pp
tr
pp
tr
pp

42
12
mf
mf
mf
pp
pp
pp
12
Z. 568 M.

rit.
rit.
Meno mosso.(Andante.)
p
p cresc.
p cresc.
p cresc.
pp
pp
p cresc.
p cresc.
pp
rit.
rit.
Meno mosso. (Andante.)
espressivo
cresc.
espressivo
pp
cresc.
cresc.
pp
pizz.
arco
cresc.
espressivo
cresc.
cresc.

44
Z. 563 M.

45
13
Grande Flute.
ppp
pp
pp
pp
p
pp
pp
pp
pp
pp
pp
pp
pp
cedez
pp
pp
pp
pp
pp
Z. 563 M.
13

pp
pp
pp
p
pp
pp
pp
pp
pp
tr
pp
pizz.
pizz.
arco

pp
pp
pp
pp
pp
pp
pp
pp
pp
pp
pp
pp
pp
poco rall.
il poco
pp
pp

48
Tempo I.
14
Fl.
pp
Cor angl
espressivo
Clar.
p espressivo
p
Fag.
pp
Harpe. p
pp
pp
pp
div
14
gr. Fl.
Fl.
p dolce
Htb.
p
Cor angl.
p espressivo
Cl.
Fag.
cresc
Z.563 M.

a 2
espressivo
espressivo
espressivo
p
p
p
pp
pp
pp
pp
pp
tr

52
stringendo
Fl.
Htb.
Cor. angl.
Cl.
Fag.
Cor.
Tromb.
Timb.
Harpe.
stringendo
15
15
p
p
pp
Z.563 M.

poco rall.
molto tranquillo
poco rall.
molto tranquillo
pizz.

54
calando
16
rit.
Solo
pp
Solo
p
pp
calando
Très lent.
sord.
sord.
sord.
sord.
div.
div.
pp
16
Z.563 M.
Imprimerie Roeder, Paris.

Editions Littéraires et Musicales

A. Z. MATHOT

TÉLÉPHONE 234-31   ## PARIS   **11, RUE BERGÈRE**

EXTRAIT DU CATALOGUE
ŒUVRES D'EMANUEL MOÓR:

❋ SALLE D'AUDITIONS ❋

POUR MATINÉES ET SOIRÉES MUSICALES ET LITTÉRAIRES (180 Places)